VOLVER A SER YO

MARTA PÉREZ
@LADEGIRONA

VOLVER A SER YO

UN VIAJE
INTERIOR CON
CUATRO PARADAS
Y UN DESITNO

mr

Ediciones Martínez Roca, sello editorial de Editorial Planeta, S. A.
Avda. Diagonal, 662-664, 08034 Barcelona
www.mrediciones.es
www.planetadelibros.com

Diseño de interiores: María Pitironte

Primera edición: febrero de 2024

ISBN: 978-84-270-5212-3
Depósito legal: B. 512-2024
Preimpresión: Safekat, S. L.
Impresión: Liberduplex

PEFC Certificado
Este libro procede de bosques gestionados de forma sostenible
PEFC
PEFC/14-38-00305
www.pefc.es

PARA AQUELLAS
PERSONAS QUE SIGUEN
BUSCANDO SU CAMINO

ÍNDICE

¡Hola a todo el mundo!

Me presento para la gente que no me conozca y me abro un poco más para aquellos que ya saben algo de mí. Me llamo Marta Pérez y llevo toda la vida escribiendo para expresar cómo me siento. Yo nunca fui una chica muy sociable, al contrario, siempre decidí quedarme al margen y no destacar por encima de los demás. Fue en 2019 cuando empecé a publicar mis escritos en las redes sociales y parece que a la gente terminó gustándole más de lo que nunca llegué a imaginar.

En este libro, encontraréis escritos que hablan sobre mí, sobre la gente que me rodea, sobre las cosas que me gustan y las que no. Este libro forma parte de un viaje, mi viaje, un proceso que yo misma he vivido y sigo viviendo a diario.

A lo largo de las páginas iréis pasando por diferentes paradas y así, conociendo sentimientos, pensamientos, ideas, situaciones que he vivido en cada momento de mi vida y con las que seguro os podréis identificar bien. Con cada capítulo iremos avanzando en el viaje, donde encontraremos episodios que no siempre fueron buenos. Supongo que debería alegrarme y decir que me han hecho ser la persona que soy ahora mismo, pero también, a veces, desearía que no hubieran ocurrido jamás.

Quiero que me acompañéis en esta aventura, estas páginas que yo misma escribí mientras iba en tren y que reflejan ese sentimiento que tenemos al estar mirando por la ventana y ves los paisajes que se escapan, a la gente paseando mientras tú solo estás sentada en una butaca viendo la vida pasar.

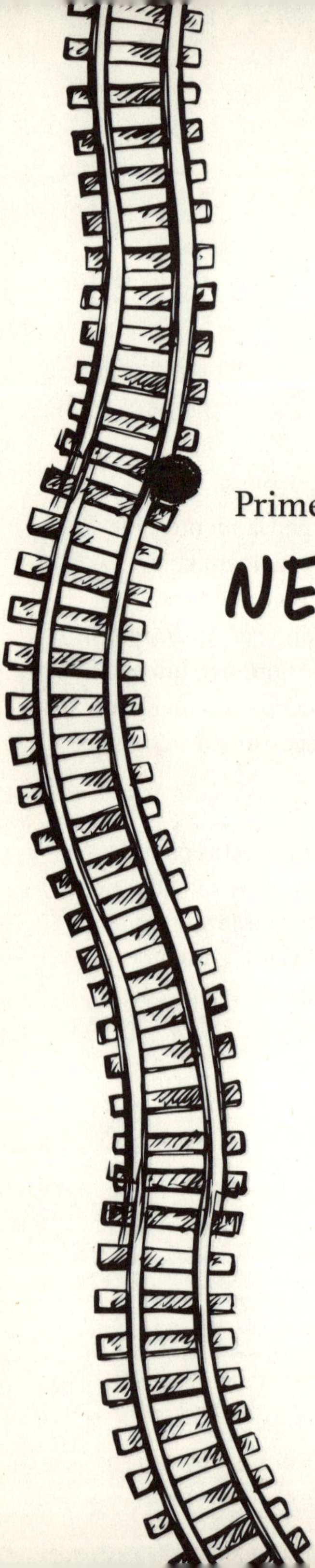

Primera parada.

NEGACIÓN

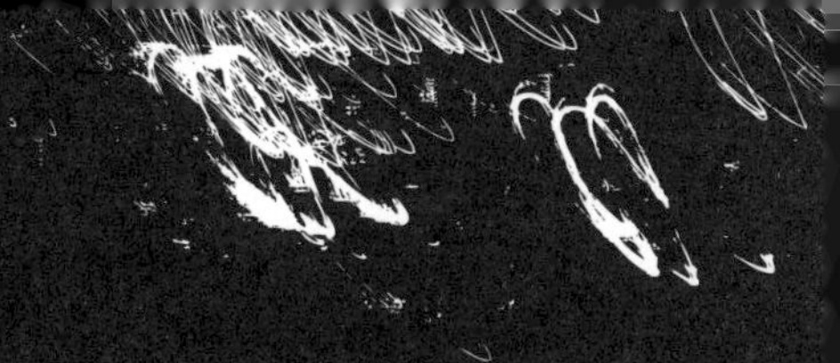

Esto no puede pasarme.

ESTE DOLOR
NO ES MÍO

Estoy en la primera parada de un tren con destino desconocido.

Niego mi pérdida, mi dolor, mis sentimientos, es la única manera que conozco de procesar, de sobrevivir. Me siento débil, entro en pánico, evito las emociones negativas porque no sé qué hacer con ellas. Me siento culpable, sé que podría haberlo hecho mejor, podría haber evitado esta situación, pero no lo hice. Miro por la ventana y no me creo lo que estoy viendo, las cosas van pasando delante de mí y yo dejo que se queden atrás. Es imposible que esto me esté pasando a mí, yo no quiero estar en este tren, pero alguien o algo me ha hecho subir ese escalón.

Metida en un tren,
destino a algún lugar...
Qué más da, si yo nunca fui de viajar.

Por ti pierdo la cabeza,
es algo hereditario.
Déjame pensar en otra cosa
que no sean esos ojos color zafiro.
Y solo quiero que me quieras,
quiéreme como yo siempre he querido.

Me dejas la ropa oliendo a humo,
y yo que no fumo, pero sin ti me consumo.

Palabras que se borran antes de llegar,
mensajes que se quedan en la botella.

Con una cara de rayada que
se me quita al verte,
pero me dejaste claro que
esto no va a durar para siempre,
que no me quieres y solo te gusto
porque te gusta sentir que te gusta gustar.

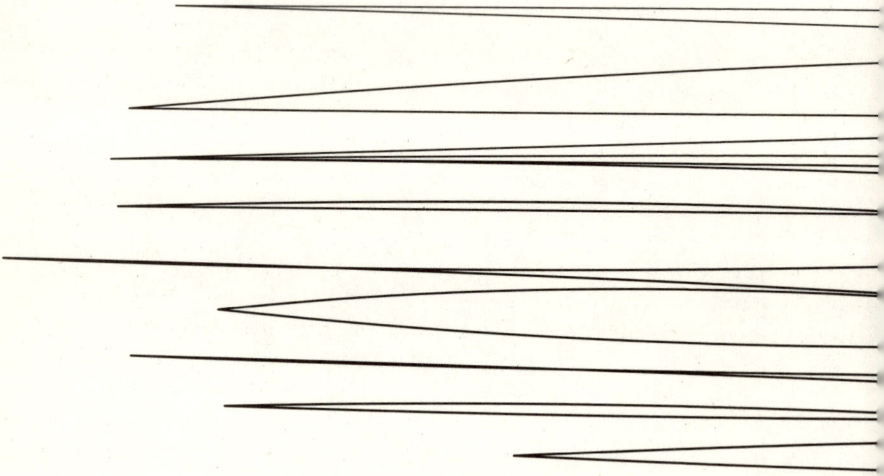

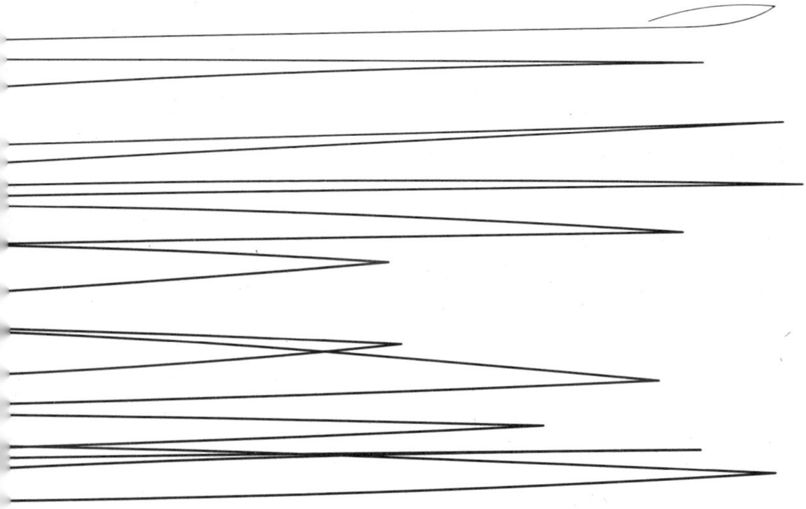

Quiero volver a cuando era una niña,
pequeña, inocente, frágil.
Pero eso se quedó atrás: yo ya no soy esa,
aunque a veces me hagan sentir así, feliz.

Lo siento por marcharme sin despedirme,
pero eras la única persona que me entendía
y no hay nada que me dé más miedo
que alguien que entienda lo que me pasa
por la cabeza.

¿CÓMO ESCRIBO ALGO QUE SÉ QUE ME VA A DOLER?

Si me quedo es porque
el miedo a ser sincera no me deja huir.

Necesito un alma
donde volcarme,
un poema al que
agarrarme,
un nudo en la garganta,
el sentimiento de que
estoy haciendo las
cosas mal.

La tristeza que siento se la paso
a todo aquel que está a mi lado
en una fiesta llena de gente,
en medio de la pista,
una niña melancólica.
Pero hace tiempo
que no me quedan lágrimas para llorar por eso.
Y dime qué puedo hacer
para que no note lo rota que
estoy el resto.

En un bar, con copas de más,
sentada en la barra, hablando con las demás,
hace tiempo que no tengo tus buenos días,
y me sigo imaginando que volverás,
y que cualquier día te quedarás.

Fa molt que no et conec,
fa molt que ja no som,
fa molt que callo les coses que sempre t'he volgut dir.
Però ja no importa,
fa molt que ja m'oblido de les paraules dins la meva boca,
que mai vaig deixar escapar.
Fa molt que ja no veig les llums
de la teva habitació,
fa molt que ja no ets tu.

Hace mucho que no te conozco,
hace mucho que ya no somos,
hace mucho que me callo las cosas que siempre te quise decir.
Pero ya no importa,
hace mucho que me olvido de las palabras dentro de mi boca,
que nunca dejé escapar.
Hace mucho que ya no veo las luces
de tu habitación,
hace mucho que ya no eres tú.

Mi corazón dejó de latir.
¿Dónde estás cuando te necesito?
No sé qué es lo que siento,
no consigo olvidar...
Ya no recuerdo cómo era la vida sin ti,
ya no recuerdo todas tus promesas
que nunca se llegaron a cumplir.

¿Te quedas o te vas?
Esta presión en el pecho,
por culpa de la ansiedad,
no eran mariposas las que removían mi estómago,
no era amor todo ese
dolor que por ti sentía,
y toda esa pena que tenían
las miradas de la gente que nos veía.

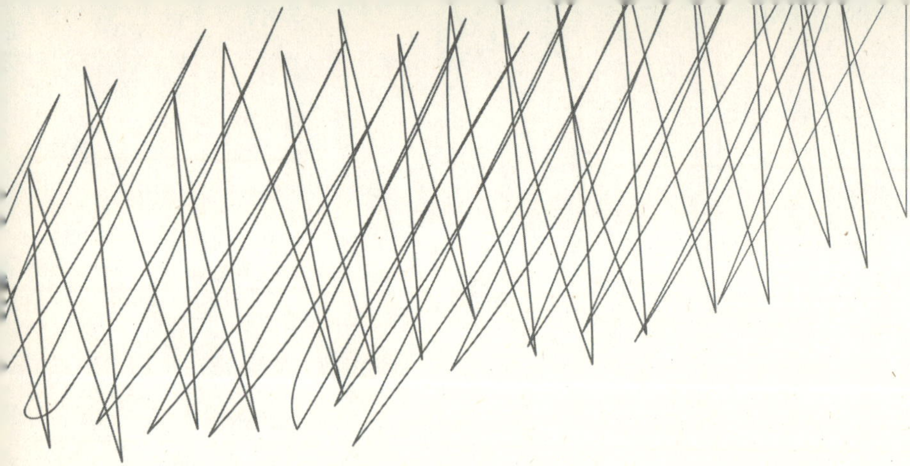

Siento que tú no me quieres,
sé sincera:
dime que me odias.
Dando vueltas con el coche,
nada sigue bien.
Voy camino a tu casa,
pero ya dejó de ser la mía también.

Un disparo al cielo
por aquellas cosas que nunca dijimos,
por todo lo que murió
en esa noche de luna llena.

Tú, que ya no quieres saber nada de mí.
Yo, que quiero saber qué fue de ti,
si todavía me piensas, si todavía puedo tenerte,
si todavía guardas una sudadera que huela a mí.

Tus mentiras me dicen que me quieres,
pero tu mirada me dice que ya no lo sientes.

Segunda parada.

IRA

Odio cada segundo
que me ha llevado
hasta aquí.

QUÉ HE HECHO
PARA QUE SEAS ASÍ
CONMIGO

Esta es la segunda parada de mi viaje y, por desgracia, en muchas de estas ocasiones creo que la única persona culpable soy yo, y que todas las cosas malas que suceden son solamente fruto de mis acciones. La frustración, el ver que no hay solución, hacen de mis pensamientos una jaula de la que escapan proyecciones dañinas hacia la gente que me quiere y solo desean lo mejor para mí. Siento rabia y ese odio no me deja salir, me tiene atrapada en mi mente y lo único que intento es huir.

No te arrepentiste hasta que lo supe.
No lo sentías, solo te gustaba verme triste
y sentir que conmigo todo podías.

De qué me sirve que me digas que me quieres
si después solo me demuestras
que a mí no me querías,
pero sí a la chica que
me juraste que jamás amarías.

Busca a otra como yo.

No conozco la verdad.
Esperando el tren, lo dejo pasar.
No sé si quiero conocerla o si
prefiero en el andén esperar,
un billete para Edén, lágrimas de cristal.

Me siento más sola que antes
aunque ahora llegue gente de sobra.
¿Dónde estaban cuando no había diamantes?

Si tanto me querías, no te hubieras ido,
porque quien te quiere no se va en tu peor momento.
Se queda aunque no haya nada a lo que aferrarse.

ME HAS HECHO
ODIAR CADA RINCÓN
DE MI PROPIA CIUDAD

Yo te daba siempre el doble
y para mí la mitad.

Era la única persona que te supo querer.
Aun así te fuiste, pero primero me rompiste.
A tu lado siempre fue lo mismo:
para ti, una competición para ver quién estaba peor,
una carrera en la que yo no quería participar,
pero en la que siempre me tocaba estar en último lugar.

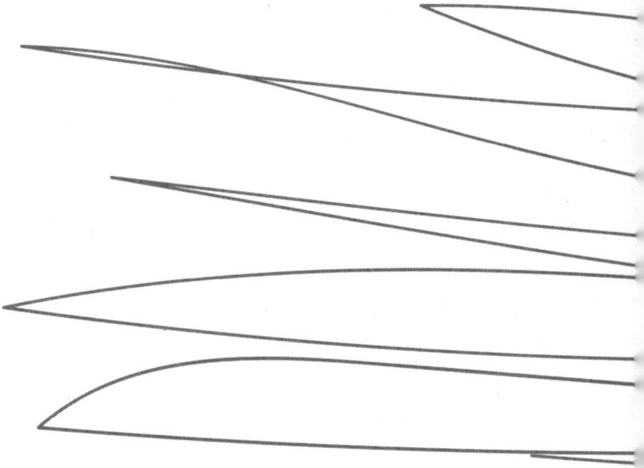

Aún me acuerdo de tu voz,
cuando me decías todas esas mentiras
que una vez decías que se habían convertido en verdad.
Y yo misma me las creía porque
cómo me iba a engañar la persona que más quería.

Cuando vuelvas
no me llames.
Ya no dejaré todo lo que esté haciendo
para oír tu voz.

Por todas esas cosas que no hice por miedo.
Por los «te quiero» que no he dicho
y las oportunidades que he perdido.

Solo el amor
y la muerte
te cambian.

Me muero
cada vez
que nos matamos.

ANHELAS TODO
AQUELLO A LO QUE
LE TIENES MIEDO

Mi vida está en llamas, siento una voz que me grita y
me dice que nunca la voy a poder salvar.
Y qué más da, si cuando abro los ojos
yo ya no soy esa niña
que un día fue feliz, ya no siento nada,
ya no me veo bien enfrente del espejo.

Ya no hay forma de apagar ese incendio.
Decido consumirme o esperar a que llegue alguien
que me sepa escuchar
y un día poder apagar ese corazón en llamas
que no me deja respirar.

Cierra los ojos y quédate aquí.
Te prometo que no me voy a ir,
como tú hiciste todas las veces que te pedí
que te quedaras a mi lado porque no tenía dónde huir.
Y no te equivoques, no te lo echo en cara,
a veces me queda algo de rencor,
pero es normal, después de todo,
qué iba a sentir por alguien que consiguió
dejarme en mi peor momento.
Abre los ojos.
Yo todavía sé fingir
que estoy luchando contra unos monstruos
que tú misma dejaste aquí.

Echo de menos cosas que nunca tuve,
flores que nunca me regalaron,
cartas que nunca me enviaron.
Siempre pensé que era por mi culpa,
que yo no era suficiente.
Pero, cuando tú estabas mal, yo siempre estuve.
Todos los reproches que callé,
y que han conseguido que reviente
me han hecho ver que yo sigo siendo la misma
y siempre fuiste tú quien no supo quererme.

La gente me dice que quiere ser como yo.
Yo no se lo recomiendo. Una vida vacía,
llena de inseguridades, de pensamientos intrusivos
que me hacen desear descubrir una manera de olvidar,
me hacen desangrarme mientras escribo.
Y ahora solo quiero alguien
que me haga sentir querida, deseada, escuchada,
que me haga sentir que estoy rodeada entre sus brazos.
Pero ahora todo eso se queda en deseos y suposiciones,
quién va a querer ser como yo,
si ni yo quiero serlo.

Estoy hecha de pedacitos de
las cosas que me han hecho daño,
de los recuerdos, de la mala suerte,
de los viernes, de los espejos y los gatos negros,
de la gente que se ha ido pero sigue presente conmigo,
de los abrazos y las sombras que se crean entre las luces
de las calles que nunca paseamos.

Tercera parada.

NEGOCIACIÓN

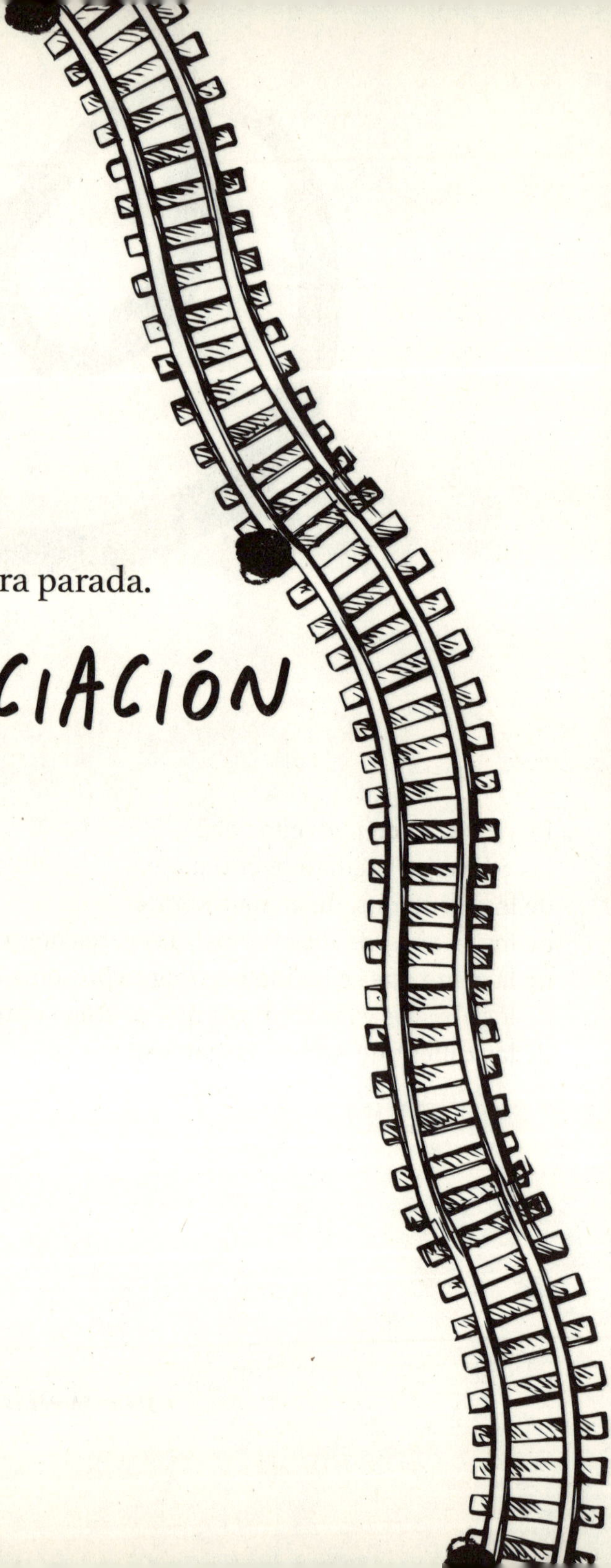

Pienso en ti

y en lo que podría

haber sido.

¿QUÉ HUBIERA PASADO SI NUNCA TE HUBIESE CONOCIDO?

Me encuentro en la tercera parada y sigo pensando si salir del tren y volver atrás, o si será mejor seguir descubriendo a dónde me va a llevar todo esto. No me quito de la cabeza qué hubiera pasado si hubiese perdido ese tren, si hubiera cogido el siguiente, si me he equivocado de andén y estoy yendo en dirección contraria. Mi cabeza está siempre en las nubes, imaginando escenarios que nunca van a llegar.

¿Qué habría pasado si hubiera dicho lo contrario? ¿Qué pasaría si no nos hubiéramos cruzado nunca? ¿Podría hacer algo para cambiarlo?

Todas estas preguntas invaden mi mente y me hacen ver un hilo de falsas esperanzas que, tarde o temprano, voy a tener que cortar.

Otro día que me he despertado
con la ansiedad de mi lado.
Otro día que sigo luchando para
que esta sensación se convierta
en un recuerdo de la Marta del pasado.

Te prometí que iba a cuidarte,
pero cómo voy a cuidarte
si no puedo cuidarme ni yo.
Me va a costar olvidar lo que
me dijiste, que ahora hagas
como que no me conoces,
pero, como te dije esa noche,
lo que hice fue por tu bien.

¿Cuándo fue la última vez que te besé,
la última vez que me dijiste adiós por la ventana,
la última vez que fue nuestra última vez?

Con el camino recto
pero lleno de piedras que saltar,
cuanto más me acerco,
más me alejo de mí misma;
dime qué haré cuando llegue al final.
¿Habrá una puerta que me lleve a otro lugar?

Tanto tiempo mirando las estrellas,
ahora sueño cada día
con llegar a ellas.

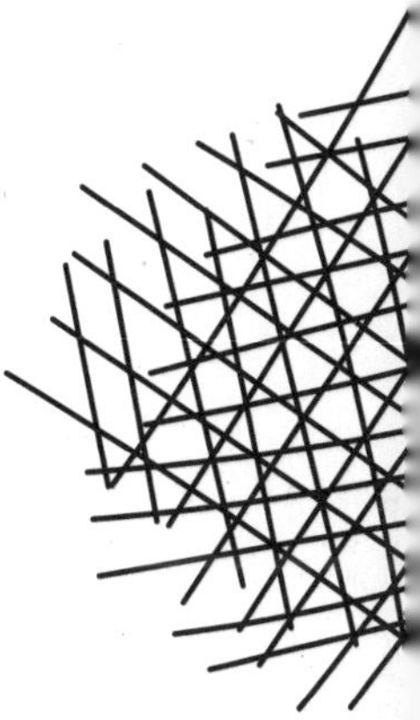

Me encontré en un laberinto
de palabras, buscando una salida
sin primero saber entrar.
Todo es cuestión de perspectiva,
todo depende de cómo lo quieras mirar...
Entrando por el medio, ya no quiero escapar.

Antes nos queríamos como si
fuéramos familia,
ahora me saludas con
dos besos en la mejilla.

Veo como mis ojos lloran
naufragando en un pozo.
Tus mentiras ya no flotan en mi mente.
Navegando en un mar de dudas,
me dejaré llevar por la corriente.

Delicada, suave y frágil,
devorada por el amor.
El deseo es lo único
que me hace sentir viva.

Deseando que llegue la noche
para volver a soñarte,
la única forma de verte...
Porque hace tiempo que te fuiste, pero aún
recuerdo tu voz, y me aterra que llegue el momento
en que borre las últimas palabras que me dijiste antes de
irte.

Qué frío se queda el café si tú no estás,
qué largas las noches y qué cortos los días,
bailando en la sala, pero, si no es contigo, solo sé ir a descompás.

Como una despedida en la estación,
como una rosa que se marchita en el jarrón.

TE QUIERO.
CON TODOS LOS TROZOS
DE MI CORAZÓN HERIDO

Las seis de la mañana,
no consigo dormir.
Tu recuerdo, mi cama solo habla de ti.
Quiero que seamos todo aquello que
siempre quisimos ser y nunca será.

Hay que volver a la normalidad,
pero yo nunca fui normal.
¿Qué es ser normal?
¿Y por qué hay que volver a ello?

Y todo iba bien, pero en dos segundos
todo puede cambiar. Todo lo que construiste
se puede derrumbar. Pero nadie te dice qué hay que hacer
con los pedazos rotos en el suelo,
con el polvo de los muros y los secretos
que se oían entre las paredes.
Dicen que el tiempo cura,
pero no cura una mierda.

Escribiéndote otra frase
que no debí decirte,
haciéndote poemas que se quedarán
en notas.
Y dime qué va a cambiar si a ti te da igual, si tú ya no estás.

Eras el reflejo de la luna
que se ahogaba cada noche en mi mar.

Y por amor morimos,
y por amor matamos.
Como cuchillos clavados al corazón,
disfrutando de ese dolor.
Siento que esa es la única forma de quererse.

Cuarta parada.

TRISTEZA

me acostumbré

a este dolor.

CADA VEZ DUELE MÁS,
CADA VEZ ME DUELE MENOS

Cuarta parada, me invade una profunda tristeza y una sensación de vacío constante. Me aíslo de todo a mi alrededor, la soledad se convierte en el personaje principal de una historia con un final que no puede ser bueno. Todo duele, pero, de alguna forma, ser consciente de ello hace que sufra un poco menos. Todo duele, pero ahora abrazo ese dolor, ahora sé que estar triste no siempre es malo y que hay que aprender a estarlo.

Para poder llegar al siguiente destino, tengo que permitirme sentir toda la tristeza que abunda en mí, esa es la solución para aprender a vivir.

Ya no me quedan tiritas para mi corazón roto,
busco mi cosido para arreglarlo,
mientras me meto el dedo en la herida
esperando a que se cure.

La mente en blanco,
los ojos en rojo,
los labios de negro,
preparada para enterrar mis sentimientos.

Una copa más y vuelvo a recordar.
Si la ves por la calle, pregúntale
cómo está, pregúntale cómo le va sin mí.
Una copa más y empiezo a hablar.

Siete vidas para morirlas despacio,
en el hueco de tu pecho,
en el vacío de tu silencio,
en el adiós por si me marcho.

¿A qué le tienes miedo?
A tenerle miedo a las cosas.

Me dio su corazón,
rojo como su carmín,
y me hizo creer que debía
ser mucho más
de lo que era,
más de lo que nunca fui.

Te admiro,
por eso te
deseo y anhelo
como a nadie.

Ya no puedo vivir sin tu saliva,
sin el sabor de esa boca fugitiva.

Se juntaron las ganas de verte
con las ganas de comerte
bebiendo en un vaso de plástico
la sed que tenía de tus labios.

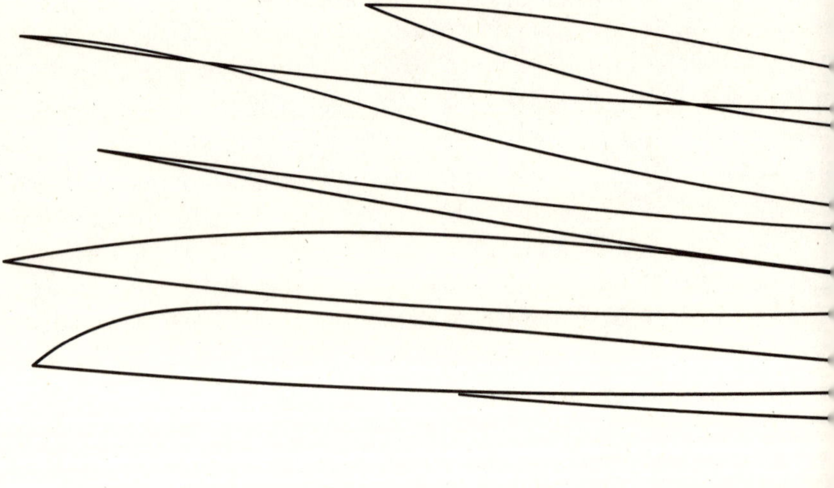

Todavía te veo cuando cierro los ojos,
todavía te siento cuando me muerdo los dedos.

LAS COSAS DE VERDAD
LAS SANGRAMOS
CON EL CORAZÓN

Te escribo poemas, aunque duela,
te dedico canciones aunque ya no las escuches,
aunque pienses en otra cuando leas la frase que yo te escribí.
Entre el silencio escucho tu voz,
ya no me dice nada,
ya no sé qué nos sucedió.

Una botella de alcohol en la mano,
para que me ayude a olvidar el pasado.
Los mil tragos no me dejan ver,
y leo en braille tus mensajes de ayer.

Me siento tan cansada,
siento que nadie me entiende.
No quiero contarle a nadie mis problemas y
que digan «qué pesada».
Nadie nunca me escuchó cuando estaba mal,
ahora estoy en mi habitación llorando,
con el móvil sonando, por la gente
que me dice que con ellos cuente.
Y qué bien sienta quitarse el peso
de sentirse una carga para los demás.

Desde que me dejaste
solo me queda muerte
en el corazón.

No quiero estar sola,
mi propia mente me hace daño.
No me preguntes quién soy,
todavía no lo sé.
Sigo siendo una niña ingenua
que busca su lugar en un mundo donde
ni siquiera quiere estar.

El tiempo es aquello que pasa en cada respiración,
y yo contigo sentía
que ya nos habíamos conocido en otra vida,
en otro lugar,
que ya hacía muchos alientos desde que nos enamoramos,
y esta vida me serviría para ver el reflejo
del sol en tu pelo en cada atardecer.

Volvamos a poner las cartas escritas a mano de moda,
volvamos a regalarnos flores,
volvamos a dedicarnos canciones,
volvamos a ser todas esas cosas que odiábamos y
ahora solo anhelamos encontrar.

A veces sueño que aún estás.
Supongo que por eso
me despierto con un dolor en el pecho,
me levanto temblando, pensando qué he hecho para
merecer este castigo.
El mundo es una mierda,
al menos déjame esconderme cuando me apetezca.

Me miro en cada reflejo de la calle,
pero en ninguno me veo. Solo veo oscuridad.
¿Cómo voy a acabar?
Con los pies destrozados
no se puede avanzar.

En qué hueco de mi cabeza queda todo ese dolor,
solo pido que se vaya, solo pido ser feliz.
Me siento sola porque nadie me ayuda. No quiero más medicación, ni una hora de terapia cada tres meses la sesión.

¿Dónde está la gente cuando estás mal?
¿Quién te ayuda cuando nadie te ayuda?

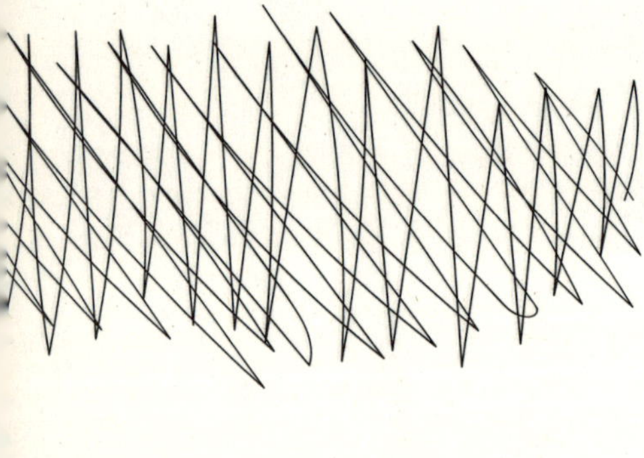

Escribo esta carta para alguien que ya no soy.

Para la niña de mirada triste y mente vacía
que ahora se ha quedado.
Tengo miedo de que esto dure para siempre.
Busco un consejo desesperado, para salir de este suplicio.
Cuando no sé quién soy pienso que soy todas
las cosas que he soñado.

Perdóname, Marta, por todo el daño
que te he hecho,
que me he hecho,
que nos he hecho.
Lo siento.

Final de trayecto.

ACEPTACIÓN

A veces miro atrás
para ver lo lejos
que he llegado.

SIENTO QUE
ALGO BUENO VA
A LLEGAR

He aceptado mi destino, he aprendido a vivir con el dolor. He trabajado muy duro durante todo este viaje y sé que las emociones y pensamientos negativos siempre van a estar ahí, pero forman parte de mi aprendizaje, ya no dominan mi mente. Ahora entiendo que esto era necesario, para aprender a viajar a muchos lugares, para coger muchos trenes y perder muchos otros.

El trayecto me ha permitido ver que, a raíz de todo el trabajo que he hecho durante este tiempo, soy capaz de ser feliz, valiente, sincera; pero a la vez puedo estar triste, ser cobarde y tener miedo, y todos y cada uno de estos sentimientos son válidos y me han hecho ser la persona que soy ahora.

Un viaje que, si alguna vez tuviera que volver a hacer, ahora sé que atajos debo coger.

Ya no tiemblo al escuchar tu voz,
ya no me siento vacía si tú no estás.
Quiero volver a recordar cómo era la vida antes de ti,
porque yo era feliz hasta que te conocí.

Qué bonito cuando me miras
y siento que estás junto a mí.
Si pienso en ti, ya no puedo olvidar
todas las cosas que hacíamos
todas las noches que juntos nos dormíamos.
Tú también me pensarás
desde algún lugar
al que ahora llamas «hogar».

Se acabó
todo lo que sentía.
Se acabaron
los «te quiero» de mentira.
Se acabaron
las contrariedades del día a día.
Se acabó.

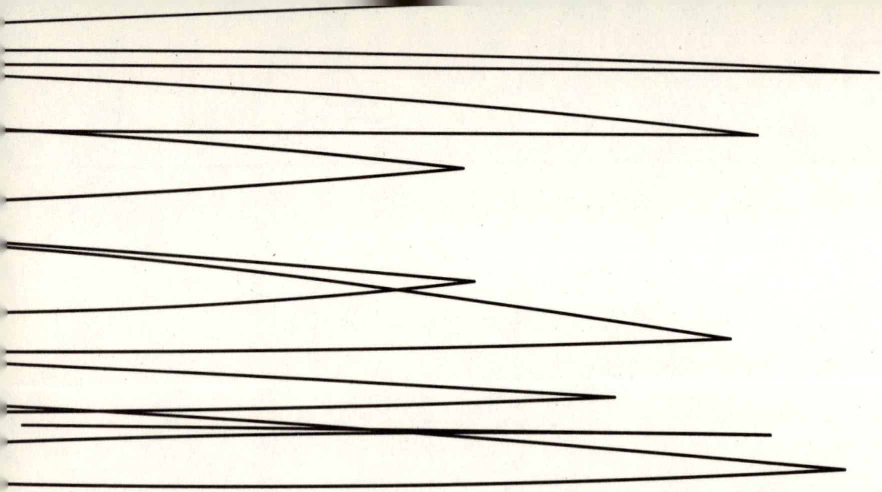

En el pasado no lo hice bien.
Ahora lo estoy intentando de nuevo,
con el corazón en pedazos,
aprendiendo a quererme cuando me
miro al espejo.

Te quiero todavía,
pero sabíamos que esto iba a pasar.
Hay que soltar ese hilo que ya no nos une,
que tú y yo ya no sonamos en la misma sintonía.

Mi energía, desde que tú llegaste, se agota,
pero ya he dejado de llorarte,
ya no me queda ni gota.
Ahora sale el sol.
Quería ser feliz,
pero los sueños se los llevó el viento.
Dime dónde quedó todo aquello,
ya no te siento.

Pensando que la vida
que tengo me sabe a poco,
me quedé sola, me volví loca.
Ya no eres tú la única que me cuida.

Recuerdas aquel día
en que me prometiste que ibas a cambiar,
que ya no eras esa chica de ayer,
pero la gente no cambia, o eso me demostraste.
Pero qué más da,
que el pasado es pasado y no vas a volver.

Nunca pensé que aquello que
sentía se podía curar.
De tanto intentar recordarte
me olvidé de mí,
y de tanto cuidarte
no conseguí sanar.

Ja no et trobo a faltar,
ja no et ploro a les nits,
ja només ets un record que no fa mal,
una cançó que no tornarà a sonar,
un poema que no tornaré mai a dedicar.

Ya no te echo de menos,
ya no te lloro por las noches,
ya solo eres un recuerdo que no duele,
una canción que no volverá a sonar,
un poema que nunca volveré a dedicar.

Mi mente aún no me perdona,
todavía me culpa por el daño que me hice
por seguir aquella voz de fondo
que decía que el mundo no me necesitaba.
Aunque sigo escuchando esa voz,
ahora es un eco lejano que no consigo descifrar.

Mírame a los ojos,
dime si sigues viendo a la misma chica de siempre.
Yo veo a la gente que me rodea
y todo el mundo ha cambiado.
¿Tanto tiempo ha pasado hasta que me he curado?

Y te dedico todas las frases de La de Girona,
una idea que nació por tu culpa y ahora me persigue.
Aprovecho mi dolor para hacer algo que ayude.
Te doy las gracias por destruirme y permitir
que use esos pedazos para construir algo que me cure.

Enamórate y quiere mucho,
al final todos nos morimos,
y tampoco hay mucho tiempo
para hacer el ridículo.

Conocer a gente nueva me ha hecho ver
que la vida es un poco menos mierda,
que todos tenemos movidas y que en una tarde de
birras y bravas se puede salvar el mundo.
Porque no hay nada como los amigos
que te rodean y te acompañan,
que, cuando todo está jodido, te sujetan
y que, cuando las cosas te van bien, se
ponen a tu lado para celebrarlo contigo.
Supongo que de eso va la vida,
de beber mucho y reír el doble.

POR TODA LA GENTE
QUE CONOCÍ EN MADRID,
QUE ME HIZO VER LA VIDA
DE COLOR ROSA

Las promesas se
las lleva el viento.
Por eso te prometo
que todo irá bien,
que el dolor no dura
para siempre,
como tampoco lo
hacen las promesas.

Nunca fui de creer en el horóscopo,
pero lo leí justo al conocerte,
por si nuestros signos eran compatibles
y esta vez tenía suerte.
Qué más da lo que me digan,
yo solo me quedo con lo que me favorece.
«Esta noche arriésgate, no dejes que nada te pare y
aprovecha la oportunidad, que desaparece».

Vivo en los jardines de Monet.
Serena, veo florecer
la noche, la soledad, tus palabras de ayer.
Los nenúfares están brotando.
Sol naciente, permíteme crecer.

Ya no siento presión en el pecho.
Dime qué me has hecho
para que ahora esté contento.

Las noches

ya no duelen tanto.

La vida es mucho
más bonita a tu lado.
Desde que te conocí
ya me da igual mi pasado.

Hace tiempo que ya me encontré,
el pasado ya no me persigue,
ya no te tengo en mi recuerdo.
El tiempo sigue pasando, pero aprendí a controlarlo.

Nuevo destino.

SUPERACIÓN

LLÉVAME A
UN LUGAR DONDE
SER FELIZ

En esta última parada empiezo un nuevo destino. Jamás pensé que el final de este viaje sería el principio de uno nuevo. El dolor no se ha ido del todo, pero, aunque parezca increíble, lo he superado. Estos últimos escritos son un grito de esperanza, una petición de ayuda y unas disculpas. Por lo que hice y lo que no hice, por la persona que fui y que dejé de ser, por la que soy ahora y la que seré en el futuro. Por los finales y los comienzos.

Ya no quiero bailar toda la noche,
solo quiero estar contigo
en cualquier sitio
hablando hasta que salga el sol
en un mirador con el cielo naranja como los lirios.

[redacted]

Cada vez que te veo siento qué es la felicidad,
y la gente me lo dice,
que me ven mucho más feliz
desde que estoy a tu lado,
que estar contigo es la lealtad que siempre había buscado.

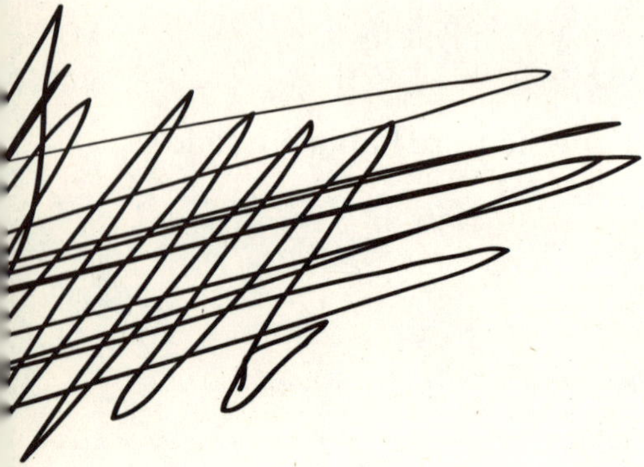

Te encontré entre
toda esa gente,
te vi brillar enfrente,
mientras tus ojos me miraban
antes de que los míos te encontrasen.

Tinc tantes ganes de
tornar-te a fer un petó,
de tornar a la nit que ens
vam conèixer i que només
siguem tu i jo.

Tengo tantas ganas de
volverte a besar,
de volver a la noche en la que nos
conocimos y que solo
seamos tú y yo.

Y no sé qué será el amor,
si es lo que me haces sentir,
o simplemente contigo ya no existe el dolor.
Sea lo que sea, contigo no dejo de reír.

La vida es más bonita desde que te he encontrado,
ya olvidé todas esas pesadillas,
ya solo pienso en que llegue el verano
y pueda volver a estar a tu lado.

Brindemos por las noches en las que fui feliz un instante y bailemos por los días en los que me hiciste olvidar a los demás.

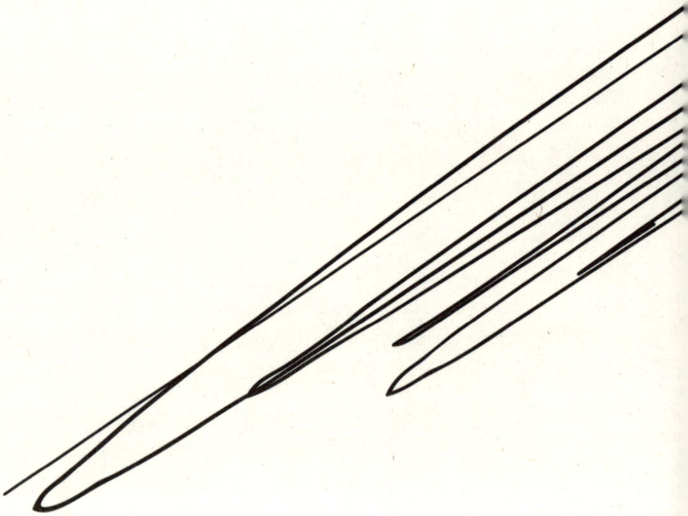

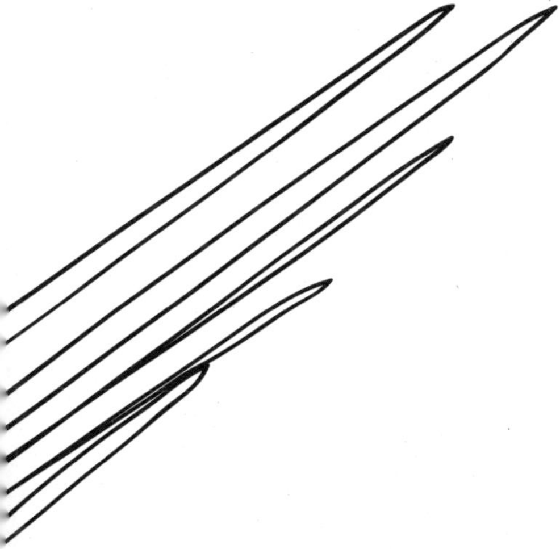

Dejemos que pase lo que tenga que pasar.
Yo sé que tú me piensas de más.
Lo que tú no sabes es que yo no puedo
esperar a que llegue mañana.
Tu nombre no dejo de soñar despierta,
por mis calles te veo en cada lugar.
Dime qué me has hecho y
cómo quieres que esto vaya a acabar.

Quiero besarte en cada esquina de tu casa,
en cada rincón de tu cuerpo,
mientras dejas tu alma intacta
y nuestra ropa por el suelo.

ERES COMO LA RISA

DESPUÉS DE UN CHISTE

Tu habitación hecha un desastre,
la cama sin hacer, las botellas en el suelo,
tu mirada perdida... ¿Qué pensarás?
Te lías un cigarro mientras yo te miro,
y no hay nada más íntimo que
el silencio que oigo a tu lado.

Y tú, que siempre dejas todo
lo que estás haciendo a las tres de la tarde
para pasarte unos segundos a leer
lo que escribí.
Y tú, que envías mis palabras
a la persona a la que te recordó mi mensaje.
Gracias por seguir dedicando palabras y mensajes,
desde mi casa hasta la tuya.

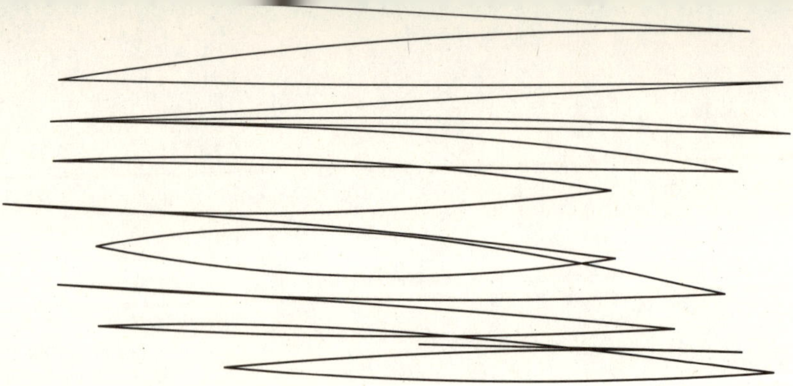

Siempre te voy a querer
más de lo que te quise hoy.
Recordaré el primer beso que nos dimos
en aquella habitación, entre la oscuridad,
nuestra respiración, los nervios
llegando a mi vida como un ciclón.

Quiero que me quieras
como solo tú sabes querer,
quiero que me arañes
y me atravieses la piel,
quiero tus uñas clavadas en mi corazón,
que me recuerden que sigo viva
y que solo voy a morir si es por culpa de tu amor.

Yo no fumo, pero te pregunto si quieres salir a fumar,
la excusa para verte, con ganas de que llegue el viernes,
con miedo de saber si nos encontraremos en ese bar,
si puedo invitarte a una copa
y pedirte que nos fuguemos juntos a otro lugar.

Eres como un concierto de mi banda favorita,
como la canción que me sé de memoria y
ese estribillo que no me saco de la cabeza.

Siento que te tengo al lado,
aunque estemos separados,
llevo tus palabras en mi cartera
y tus besos en mis manos.

Las risas cuando era niña,
tú siempre fuiste la primera en
saberlo todo, incluso antes de que yo te lo contara.
Porque quién va a saber más de mi vida
sino la persona que me la dio.
Y es por ella por lo que hoy aquí sigo,
porque me dió la mano cuando había
piedras en el camino.

Sabes cómo soy, y aun así
quieres quedarte.
Sabes cómo soy, y aun así
no vas a largarte.

Que la música nos cure del ruido,
que los sonidos nos lleven a ese lugar,
que los silencios nos hagan hablar...
Ya no tenemos miedo.
Con la vida rota,
nos tenemos que arriesgar,
ya no nos queda nada que perder.

Quiero que me hables de ti,
todas esas cosas que solo me dirías a mí,
quiero saber qué fue de ti,
todas las noches que me decías que no podías estar sin mí.

Te quiero como siempre me han enseñado a querer,
en silencio. Pero cuando me necesites,
me haré ver.

Eres el poema más bonito que he escrito,
cuando sonaba nuestra canción favorita
y te miraba leyendo mientras te quedabas dormida.

Se acaba esta aventura,

un largo trayecto que a veces se ha hecho cuesta arriba, pero un viaje que sin duda alguna ha merecido la pena. Un camino lleno de lágrimas, risas, gritos, miedo, culpa y un sin fin de sentimientos que he ido aprendiendo a llevar y sobrellevar.

Cada estación me hacía un poco más fuerte que la anterior y, aunque yo no lo viese, iba dando pasos hacia delante, aunque en ocasiones sintiese que iba hacia atrás.

Estos textos son solo un reflejo de gran parte de los pensamientos que he tenido en momentos duros de mi vida, que ahora releo con cariño y admiración porque, aunque llegué a pensar que no saldría, me atreví a cruzar la línea amarilla y coger ese tren que tan lejos me iba a llevar.

Ahora ha pasado un tiempo de todo aquello, y he llegado a una conclusión:

Fuera de casa se está muy bien, pero para no perderse hay que saber volver.

Tienes que encontrar ese lugar al que llamar «hogar»; para mí, siempre será Girona.

Girona.

La ciutat que m'ha vist créixer,
la ciutat que m'ha acompanyat
totes les meves primeres vegades.
Els carrers que m'han vist ballar, plorar, cridar,
les barraques i les cançons a deshores.
Els amics, coneguts i desconeguts
que m'han fet ser qui soc,
les flors boniques quan arriba el seu temps. La ciutat mullada
quan cauen quatre gotes, el riu i els ponts
pels quals hem passejat junts.
Les braves, les cerveses i els bars i discoteques
que hem tancat.
Els petits bons moments que m'he emportat de Girona
m'han fet ser qui soc jo,
la noia de Girona que escriu frases
que has dedicat algun cop,
tots aquests moments d'una vida
que hem anat vivint a poc a poc.

Girona.

La ciudad que me ha visto crecer,
la ciudad que me ha acompañado
en todas mis primeras veces.
Las calles que me han visto bailar, llorar, gritar,
les barraques y las canciones a deshoras.
Los amigos, conocidos y desconocidos
que me han hecho ser quien soy,
las flores bonitas cuando llega su tiempo. La ciudad mojada
cuando caen cuatro gotas, el río y los puentes
por los que hemos paseado juntos.
Las bravas, las cervezas y los bares y discotecas
que hemos cerrado.
Los pequeños buenos momentos que me llevo de Girona
me han hecho ser quien soy,
la chica de Girona que escribe frases
que alguna vez has dedicado,
todos aquellos momentos de una vida
que hemos ido viviendo poco a poco.